Wisława Szymborska
Auf Wiedersehn. Bis morgen

Gedichte

**Ausgewählt und übertragen
von Karl Dedecius**

Suhrkamp

Umschlagfoto: Joanna Helander

9. Auflage 2022
Erste Auflage 1998
suhrkamp taschenbuch 2858
© der deutschsprachigen Ausgabe
Suhrkamp Verlag Frankfurt am Main 1995
All Works by Wisława Szymborska
© The Wisława Szymborska Foundation,
www.szymborska.org.pl
Siehe Hinweise am Schluß des Bandes
Alle Rechte vorbehalten.
Wir behalten uns auch eine Nutzung des Werks für Text
und Data Mining im Sinne von § 44b UrhG vor.
Umschlag: Hermann Michels,
Regina Göllner, Werner Zegarzewski
Druck und Bindung: CPI books GmbH, Leck
Dieses Buch wurde klimaneutral produziert:
climatepartner.com/14438-2110-1001.
Printed in Germany
ISBN 978-3-518-39358-1

www.suhrkamp.de

Ende und Anfang

Himmel

So hätte man anfangen sollen: Himmel.
Ein Fenster ohne Brett, ohne Rahmen, ohne Glas.
Eine Öffnung und sonst nichts,
doch weit offen.

Ich muß nicht auf die klare Nacht warten,
auch nicht den Kopf heben,
um den Himmel zu betrachten.
Himmel hab ich im Rücken, zur Hand und auf den Lidern.
Himmel umhüllt mich
und hebt mich vom Boden.

Selbst höchste Berge
sind dem Himmel nicht näher
als tiefste Täler.
Nirgendwo gibt es mehr von ihm
als anderswo.
Himmel erdrückt die Wolke
so schonungslos wie das Grab.
Der Maulwurf ist genauso himmelfahrend
wie die Flügel schlagende Eule.
Was in den Abgrund fällt,
fällt von Himmel zu Himmel.

Schüttere, fließende, felsige,
feurige und flügge
Himmelsstriche, Himmelskrumen,
Himmelshauch und Himmelshäufung.
Himmel ist allüberall,
selbst im Dunkeln unter der Haut.

Ich verspeise Himmel, scheide Himmel aus.
Ich bin die Falle der Falle,
ein bewohnter Bewohner,
eine umarmte Umarmung,
eine Frage als Antwort auf eine Frage.

Die Aufteilung in Himmel und Erde
ist nicht die richtige Art,
das Ganze zu begreifen.
Sie ermöglicht lediglich zu überleben,
unter genauerer Anschrift
schneller gefunden zu werden,
falls ich gesucht werden sollte.
Meine besonderen Kennzeichen sind:
Ich begeistere mich und verzweifle.

Es darf ohne Überschrift bleiben

So weit ist es nun gekommen, daß ich unterm Baum sitze
am Ufer des Flusses
im sonnigen Morgen.
Das Ereignis ist ohne Belang,
es geht nicht in die Geschichte ein.
Nicht wie Krieg und Frieden,
deren Motive erforscht werden,
oder wie erinnerungswerte Tyrannenmorde.

Und dennoch sitze ich am Fluß, so ist es.
Und da ich hier bin,
muß ich von irgendwoher gekommen sein
und davor
noch an vielen Orten gewesen sein,
genau wie die Landeroberer,
bevor sie an Bord gingen.

Selbst der flüchtige Augenblick hat viel Vergangenheit,
hat einen Freitag vor dem Samstag,
einen Mai vor dem Juni.
Seine Horizonte sind ebenso wirklich
wie die im Fernglas des Feldherrn.

Dieser Baum ist eine Pappel, seit Jahren verwurzelt.
Der Fluß heißt Raba und fließt nicht erst seit heute.
Nicht erst seit gestern gibt's
den Pfad durchs Gebüsch.
Um die Wolken auseinanderzutreiben,
mußte der Wind sie hergeweht haben.
Und obwohl hier nichts Großes geschieht,

ist die Welt an Einzelheiten nicht ärmer,
nicht schlechter begründet, nicht schwächer bestimmt
als damals, als die Völkerwanderung von ihr Besitz
                                        ergriffen hat.

Nicht nur geheime Verschwörungen sind von Stille begleitet,
nicht nur Krönungszeremonien geht ein Defilee von Gründen
                                        voraus.
Rund sind nicht nur die Jahrestage von Aufständen,
auch die Steine am Ufer.

Wirr und dicht ist die Stickerei der Umstände.
Der Ameisenstich im Rasen.
Das ans Erdreich gesteppte Gras.
Das Muster der Welle, durch die sich das Hölzchen windet.

Es hat sich gefügt, daß ich bin und schaue.
Über mir flattert ein weißer Falter
mit Flügeln, die nur ihm gehören,
und durchfliegt als Schatten meine Hände,
kein beliebiger Schatten, sein eigener.

Bei solch einem Anblick verläßt mich stets die Gewißheit,
daß das Wichtige wichtiger ist
als das, was für unwichtig gilt.

Manche mögen Poesie

Manche –
das heißt nicht alle.
Nicht einmal die Mehrheit, sondern die Minderheit.
Abgesehen von Schulen, wo man mögen muß,
und von den Dichtern selbst,
gibt's davon etwa zwei pro Tausend.

Mögen –
aber man mag ja auch Nudelsuppe,
mag Komplimente und die Farbe Blau,
mag den alten Schal,
mag auf dem Seinen beharren,
mag Hunde streicheln.

Poesie –
was aber ist Poesie.
Manch wacklige Antwort
ist dieser Frage bereits gefolgt.
Aber ich weiß nicht, ich weiß nicht. Ich halte mich
daran fest,
wie an einem rettenden Geländer.

Ende und Anfang

Nach jedem Krieg
muß jemand aufräumen.
Leidliche Ordnung
kommt doch nicht von allein.

Jemand muß die Trümmer
von der Straße kehren,
damit die Leichenwagen
passieren können.

Jemand muß
durch Asche und Schlamm,
Sprungfedern, Glassplitter,
blutige Lumpen hindurch.

Jemand muß, um die Wand zu stützen,
den Balken herbeischleppen,
jemand das Fenster verglasen
und die Tür wieder einhängen.

Hübsch ist das nicht,
und es dauert Jahre.
Die Kameras sind bereits abgereist
in einen anderen Krieg.

Die Brücken muß man wieder
und die Bahnhöfe aufs neue.
Die Ärmel zum Hochkrempeln
hängen in Fetzen.

Jemand, mit dem Besen in der Hand,
erinnert sich noch, wie es war.
Jemand hört zu
und nickt mit dem nicht geköpften Kopf.
Aber ganz in der Nähe schon
treiben sich welche herum,
die das langweilig finden.

Manchmal buddelt einer
unterm Strauch
durchgerostete Argumente aus
und wirft sie zum Müll.

Diejenigen, die wußten,
worum es hier ging,
machen denen Platz,
die wenig wissen.
Weniger noch als wenig.
Und schließlich so gut wie nichts.

Im Gras, das über Ursachen
und Folgen wächst,
muß jemand ausgestreckt liegen,
einen Halm zwischen den Zähnen,
und in die Wolken starrn.

Haß

Seht her, wie unentwegt leistungsfähig er ist,
wie gut er sich hält
in unserem Jahrhundert, der Haß.
Wie einfach er die Hürden nimmt.
Wie leicht es ihm fällt – aufzuspringen, zu überfallen.

Er ist nicht wie die anderen Gefühle.
Er ist zugleich älter und jünger als sie.
Die Ursachen, die ihn am Leben erhalten,
gebiert er selbst.
Wenn er einschläft, dann nie für immer.
Schlaflosigkeit mindert nicht, sie steigert seine Kraft.

Religion oder keine –
Hauptsache, er kniet beim Start.
Vaterland oder keins –
Hauptsache, er springt los.
Auch Gerechtigkeit ist für den Anfang nicht schlecht,
dann aber läuft er von selbst.
Der Haß. Der Haß.
Er verzerrt das Gesicht noch
in der Liebesekstase.

Ach, diese andren Gefühle –
armselig und schlapp.
Seit wann kann Brüderlichkeit
auf Menschenmassen bauen?
Kam jemals Mitleid
zuerst ans Ziel?
Wie viele Gutwillige reißt schon Verzweiflung mit?
Er aber, der weiß, was er will, reißt mit.

Begabt, gelehrig, sehr fleißig.
Jeder weiß, wie zahlreich seine Lieder sind.
Wie viele Seiten im Geschichtsbuch er paginiert hat.
Wie viele Menschenteppiche er ausgerollt hat
auf wie vielen Plätzen, Stadien.

Machen wir uns nichts vor:
Er schafft auch Schönheit.
Herrlich dieser Feuerschein in schwarzer Nacht.
Prachtvoll steigt die Explosion ins Morgenrot.
Den Ruinen ist das Pathos nicht abzusprechen
und der rüstig aufragenden Säule
nicht der derbe Humor.

Er ist ein Meister des Kontrasts
zwischen Getös und Stille,
zwischen rotem Blut und weißem Schnee.
Und vor allem langweilt ihn nie
das Motiv des adretten Schinders
überm geschändeten Opfer.

Zu neuer Mission ist er allzeit bereit.
Muß er warten, wartet er.
Blind sei er, sagt man. Blind?
Er hat ein Scharfschützenauge
und zielt verwegen in die Zukunft
– er allein.

Was die Wirklichkeit verlangt

Die Wirklichkeit verlangt,
daß man auch darüber spricht:
Das Leben geht weiter.
Es tut's bei Cannae und bei Borodino
und auf dem Kosovo Pole und in Guernica:

Es gibt eine Tankstelle
auf dem kleinen Platz in Jericho,
frisch gestrichene Bänkchen
am Fuße des Weißen Berges.
Briefe werden befördert
von Pearl Harbour nach Hastings,
am Auge des Löwen von Chäronea
fährt ein Möbelwagen vorbei,
und den blühenden Gärten bei Verdun
nähert sich eine nur atmosphärische Front.

Es gibt so viel von Allem,
daß das Nichts recht gut bedeckt bleibt.
Von den Yachten bei Aktium
dringt Musik,
und auf den Decks tanzen Paare in der
Sonne.

Es geschieht ständig so viel,
daß überall etwas geschehen muß.
Wo Stein auf Stein liegt,
dort belagern auch Kinder
den Icecreamwagen.

Wo Hiroshima war,
dort ist wieder Hiroshima,
und die Herstellung vieler Gegenstände
des täglichen Gebrauchs.

Nicht ohne Reize ist diese schreckliche Welt,
nicht ohne Morgen,
für die es aufzuwachen lohnt.

Auf dem Schlachtfeld von Maciejowice
ist das Gras grün
und der Tau auf dem Gras durchsichtig,
wie Tau eben ist.

Vielleicht gibt es überhaupt nur Schlachtfelder,
die noch erinnerten,
die schon vergessenen,
Birkenwälder und Zedernhaine,
Schneefelder, Sand, schillernde Sümpfe
und Schluchten der schwarzen Niederlage,
wo man bei dringendem Bedarf
sich hinhockt hintern Busch.

Und die Moral – wohl keine.
Das, was wirklich ist, ist das schnell getrocknete
Blut,
und immerzu Flüsse, Wolken.

Auf den tragischen Paßstraßen
reißt der Wind den Hut vom Kopf,
und so ist's nun mal –
ein Anblick zum Lachen.

Wachsein

Das Wachsein verflüchtigt sich nicht,
wie sich Träume verflüchtigen.
Weder Geräusch, noch Glocke
zerstreut es,
weder Schrei noch Gepolter
reißt uns davon los.

Vieldeutig und trüb
sind die Bilder in Träumen,
was sich auf mehrere Weisen
erklären läßt.
Wachsein bedeutet, wach zu sein,
und das ist das größere Rätsel.

Für die Träume gibt es Schlüssel.
Das Wachsein öffnet sich selbst
und läßt sich nicht schließen.
Es fällt über uns her mit
Zeugnissen und Sternen,
mit Schmetterlingen,
alten Bügeleisen,
kopflosen Mützen
und Wolkenschädeln.
Daraus entsteht ein Rebus,
nicht zu enträtseln.

Ohne uns gäbe es die Träume nicht.
Der, ohne den es das Wachsein nicht gäbe,
ist unbekannt,
und das Produkt seiner Schlaflosigkeit

teilt sich jedem mit,
wenn er erwacht.

Nicht die Träume sind rasend,
rasend ist das Wachsein,
und sei's durch den Starrsinn,
mit dem es sich festhält
am Lauf des Geschehens.

In Träumen lebt noch
unser unlängst Verstorbener,
bei guter Gesundheit
und wiedergewonnener Jugend.
Das Wachsein legt
seinen leblosen Körper vor uns hin.
Das Wachsein tritt nicht einen Schritt zurück.

Die Flüchtigkeit der Träume bewirkt,
daß sich das Gedächtnis leicht von ihnen befreit.
Das Wachsein muß das Vergessen nicht fürchten.
Es ist ein hartes Stück.
Sitzt uns im Nacken,
legt sich aufs Herz,
fällt vor die Füße.

Vor dem Wachsein gibt's keine Flucht,
denn es begleitet uns überallhin.
Es gibt keine Station
auf der langen Reise,
wo es nicht auf uns wartete.

Elegische Bilanz

Wie viele von denen, die ich kannte
(falls ich sie wirklich kannte),
Männer, Frauen
(falls diese Einteilung noch gilt),
haben diese Schwelle überschritten
(falls es eine Schwelle ist),
diese Brücke passiert
(falls man dazu Brücke sagt) –

Wie viele nach kürzerem oder längerem Leben
(falls sie's noch unterscheiden),
einem guten, weil es begann,
einem schlechten, weil es endete
(falls sie's nicht lieber umgekehrt sagten),
fanden sich am anderen Ufer
(falls sie sich fanden
und es das andere Ufer gibt) –

Die Sicherheit ihres weiteren Schicksals
ist mir nicht bekannt
(falls es ein gemeinsames
und dazu noch Schicksal ist) –

Alles
(falls ich mit diesem Wort nicht einschränke)
haben sie hinter sich
(wenn nicht vor sich) –

Wie viele von ihnen sind aus der rasenden Zeit
gesprungen

und verschwinden immer wehmütiger in der Ferne
(falls man der Perspektive glauben darf) –

Wie viele
(falls diese Frage Sinn hat,
falls die endgültige Summe erreichbar ist,
bevor der Zählende sich selbst nicht hinzuzählt)
fielen in diesen tiefsten Schlaf
(falls es keinen tieferen gibt) –

Auf Wiedersehn.
Bis morgen.
Bis zum nächsten Mal.
Sie wollen es nicht noch einmal
(falls sie es nicht wollen) wiederholen.
Ausgeliefert dem unvollendeten
(falls nicht einem anderen) Schweigen.
Beschäftigt nur damit
(falls es so ist),
wozu sie die Abwesenheit zwingt.

Katze in der leeren Wohnung

Sterben – das tut man einer Katze nicht an.
Denn was soll die Katze
in einer leeren Wohnung.
An den Wänden hoch,
sich an Möbeln reiben.
Nichts scheint sich hier verändert zu haben,
und doch ist alles anders.
Nichts verstellt, so scheint es,
und doch alles verschoben.
Am Abend brennt die Lampe nicht mehr.

Auf der Treppe sind Schritte zu hören,
aber nicht die.
Die Hand, die den Fisch auf den Teller legt,
ist auch nicht die, die es früher tat.

Hier beginnt etwas nicht
zur gewohnten Zeit.
Etwas findet nicht statt,
wie es sich gehört hätte.
Jemand war hier und war,
dann verschwand er plötzlich
und ist beharrlich nicht da.

Alle Schränke durchforscht.
Alle Regale durchlaufen.
Unter den Teppichen geprüft.
Trotz des Verbots
die Papiere durchstöbert.
Was bleibt da noch zu tun.
Schlafen und warten.

Komme er nur,
zeige er sich.
Er wird's schon erfahren.
Einer Katze tut man so etwas nicht an.
Sie wird ihm entgegenstolzieren,
so, als wollte sie's nicht,
sehr langsam,
auf äußerst beleidigten Pfoten.
Noch ohne Sprung, ohne Miau.

Abschied vom Ausblick

Ich verzeihe dem Frühling,
daß er wieder gekommen ist.
Ich zürne ihm nicht,
daß er wie alle Jahre
seine Pflicht tut.

Ich weiß, meine Trauer
hält das Grün nicht auf.
Und bebt ein Halm,
so ist es der Wind.

Es tut mir nicht weh,
daß die Erlen am Wasser
wieder zu rauschen beginnen.

Ich nehme zur Kenntnis,
daß das Ufer des Sees
– als lebtest du noch –
so schön ist wie früher.

Dem Ausblick bin ich nicht gram
wegen der Sicht
auf die Sonnenbucht.

Ich kann mir auch vorstellen,
daß zwei, nicht wir,
in diesem Augenblick
auf dem Birkenstamm sitzen.

Ich achte ihr Recht
auf Geflüster, auf Lachen
und glückliches Schweigen.

Ich nehme sogar an,
daß sie Liebe verbindet
und daß er sie umarmt
mit zitterndem Arm.

Etwas vogelhaft Neues
raschelt im Schilf.
Ich wünsche ihnen,
daß sie es hören.

Ich verlange keinen Wandel
von den Wellen am Ufer,
die mal flink sind, mal träge
und mir nicht gehorchen.

Ich verlange nichts
von der Flut hinterm Wald,
mal smaragden,
mal saphiren,
dann wieder schwarz.

Nur eins kann ich nicht.
Dorthin zurück.
Privileg des Dabeiseins –
Ich verzichte darauf.

Nur um so viel, und nicht mehr,
hab ich Dich überlebt;
zu denken.

Séance

Der Zufall zaubert.
Zieht aus dem Ärmel ein Glas Cognac,
setzt Heinrich davor.
Ich betrete das Bistro und erstarre.
Heinrich ist kein anderer
als der Bruder des Mannes von Agnes,
und Agnes ist eine Verwandte
des Schwagers der Tante Sophie.
Wir kamen darauf, daß wir einen gemeinsamen
Urgroßvater haben.

Der Raum in den Händen des Zufalls
verwirrt sich und entwirrt sich,
nimmt zu und nimmt ab.
Soeben war er wie ein Tischtuch
und schon ist er wie ein Taschentüchlein.
Rate, wen ich getroffen habe,
und noch dazu wo, in Kanada,
nach so vielen Jahren.
Ich hatte geglaubt, er lebe nicht mehr,
und da seh ich ihn in einem Mercedes.
Im Flugzeug nach Athen.
Im Stadion von Tokio.

Der Zufall wendet das Kaleidoskop im Handumdrehn.
Milliarden bunter Scherben flimmern.
Und plötzlich klirrt die Scherbe von Hänsel
an die Scherbe von Gretel.
Stell dir vor, im selben Hotel.
Aug' in Aug' im Fahrstuhl.

Im Spielzeugladen.
Auf der Kreuzung der Schuster- und der
                                Jagiellonenstraße.

Der Zufall trägt einen Umhang.
Darunter gehen Dinge verloren und finden sich
                                wieder.
Ich stolpere.
Ich bücke mich und hebe auf.
Ich sehe, es ist der Löffel
aus dem gestohlenen Gedeck.
Wäre nicht das Armband,
ich hätte Ola nicht wiedererkannt,
und auf diese Uhr stieß ich in Płock.

Der Zufall sieht uns tief in die Augen.
Der Kopf wird schwer.
Die Lider fallen zu.
Wir möchten lachen und weinen,
denn es ist nicht zu glauben –
Von der B 4 auf dieses Schiff,
da muß etwas dran sein.
Wir möchten rufen,
wie klein doch die Welt ist,
wie leicht, sie
zu umarmen.
Und für eine Weile erfüllt uns Freude,
heiter und täuschend.

Liebe auf den ersten Blick

Beide sind überzeugt,
sie habe ein plötzliches Gefühl vereint.
Diese Gewißheit ist schön,
doch die Ungewißheit ist schöner.

Sie meinen, weil sie sich früher nicht kannten,
sei zwischen ihnen nie etwas geschehn.
Was sagen die Straßen dazu, die Treppen, Korridore,
wo sie aneinander seit langem hätten vorbeigehen
können?

Ich wollte sie fragen,
ob sie sich erinnern –
irgendwann in der Drehtür vielleicht
Aug' in Aug'?
Ein »Pardon« im Gedränge?
Die Stimme im Hörer »falsch verbunden«?
– Ich kenne die Antwort.
Nein, sie erinnern sich nicht.

Es würde sie wundern zu hören,
der Zufall habe seit langem
mit ihnen gespielt.

Noch nicht ganz
Schicksal,
brachte er sie mal zusammen, mal auseinander,
versperrte den Weg,
sprang zur Seite,
kichernd.

Es gab Zeichen, Signale,
zwar unleserliche, na und?
Flog vor drei Jahren vielleicht
oder am vergangenen Dienstag
ein gewisses Blatt
von Schulter zu Schulter?
Es gab Verlorenes und Aufgehobenes.
Vielleicht war's schon ein Ball
im Gebüsch der Kindheit?

Es gab Klinken und Klingeln,
auf die sich seit je
Berührung auf Berührung legte.
Koffer in der Aufbewahrung nebeneinander.
Vielleicht gab's den gleichen Traum in ein und
                                derselben Nacht,
sofort nach dem Erwachen gelöscht.

Denn jeder Anfang
ist nur Fortsetzung,
und das Buch der Ereignisse
ist immer aufgeschlagen, mittendrin.

Am 16. Mai des Jahres 1973

Eines von den vielen Daten,
die mir nichts mehr sagen.

Wohin ich an diesem Tag ging,
was ich tat – ich weiß es nicht mehr.

Wäre in der Nähe ein Verbrechen geschehen,
– ich wäre ohne Alibi.

Die Sonne blitzte auf und erlosch
jenseits meiner Beachtung.
Die Erde drehte sich
ohne Vermerk im Notizbuch.

Es fiele mir leichter zu denken,
ich sei für ein Weilchen gestorben,
als nichts mehr zu wissen,
obwohl ich pausenlos lebte.

Ich war schließlich kein Geist,
ich atmete, aß,
tat Schritt vor Schritt,
was zu hören war,
und die Spur meiner Finger
am Türgriff ist noch da.

Ich sah mich im Spiegel.
Ich hatte etwas in irgendeiner Farbe an.
Ganz bestimmt haben mich ein paar Leute
                                    gesehen.

Vielleicht fand ich an jenem Tag,
was ich früher verloren hatte.
Vielleicht verlor ich etwas, was ich später fand.

Mich haben Eindrücke und Gefühle erfüllt.
Jetzt ist das alles
wie Punkte in Klammern.

Wo habe ich mich verkrochen,
wo mich versteckt –
kein schlechter Trick,
sich derart aus den Augen zu verlieren.

Ich schüttle das Gedächtnis –
vielleicht flattert aus seinen Zweigen
etwas seit Jahren Eingeschläfertes
geräuschvoll auf.

Nein.
Ich verlange entschieden zuviel,
nicht weniger als eine Sekunde.

Vielleicht geschieht dies alles

Vielleicht geschieht dies alles
in einem Laboratorium?
Tags unter der Lampe
und unter Milliarden nachts?

Vielleicht sind wir eine Versuchsgeneration?
Geschüttet von einem Gefäß ins andre,
in Reagenzgläsern durchgeschüttelt,
beobachtet von mehr als nur einem Auge,
jeder einzeln
am Ende mit einer Pinzette gegriffen?

Vielleicht anders:
keine Interventionen?
Veränderungen finden von selbst statt
laut Plan?
Die Nadel des Diagramms verzeichnet langsam
das mutmaßliche Auf und Ab?

Vielleicht gibt's wie bisher nichts Interessantes in uns?
Die Kontrollmonitore werden selten eingeschaltet?
Nur bei Krieg, und zwar einem großen,
einige Flüge über die Krume Erde
oder beträchtliche Wanderungen von A nach B?

Vielleicht umgekehrt:
Findet man dort Geschmack ausschließlich an Episoden?
Ein kleines Mädchen auf einer großen Leinwand
näht sich einen Knopf an den Ärmel.

Die Feintaster pfeifen,
das Personal läuft zusammen.
Ach, was für ein winziges Wesen
mit dem klopfenden Herzen in der Mitte!
Welch anmutiger Ernst
beim Einfädeln des Garns!
Jemand ruft entzückt:
Holt den Chef,
er komme und sehe selbst!

Kleine Komödien

Wenn es Engel gibt,
dann lesen sie wohl nicht
unsere Romane
von den enttäuschten Hoffnungen.

Ich befürchte – leider –
auch unsere Gedichte nicht
mit den Ansprüchen an die Welt.

Das Geschrei und die Zuckungen
unserer Theaterstücke
müssen sie – vermute ich –
irritieren.

In den Pausen ihrer himmlischen,
das heißt nicht menschlichen Beschäftigungen,
schauen sie sich eher
unsere kleinen Komödien an
aus der Stummfilmzeit.

Mehr als die Jammernden,
die ihre Gewänder zerreißen
und die mit den Zähnen klappern,
schätzen sie – wie ich vermute –
den armen Teufel,
der einen Ertrinkenden an der Perücke packt
oder vor Hunger
die eigenen Schnürsenkel verspeist.
Vom Gürtel an aufwärts Vorhemd und Aspirationen,
tiefer im Hosenbein aber
die entsetzte Maus.

O ja,
das muß sie köstlich amüsieren.

Der Wettlauf im Kreis
verwandelt sich in eine Flucht vor dem Flüchtenden.
Das Licht im Tunnel
erweist sich als Tigerauge.
Hundert Katastrophen
sind hundert spaßige Purzelbäume
über hundert Abgründen.

Wenn es Engel gibt,
dann sollte sie – hoffe ich –
diese auf dem Grauen schaukelnde Lustigkeit
überzeugen,
die nicht einmal Zuhilf, Zuhilf ruft,
weil alles in der Stille geschieht.

Ich wage anzunehmen,
daß sie mit den Flügeln klatschen
und weinen,
zumindest Tränen des Lächelns.

Nichts ist geschenkt

Nichts ist geschenkt, alles geliehen.
Ich stecke in Schulden bis über die Ohren.
Ich muß für mich
mit mir bezahlen,
fürs Leben das Leben rückerstatten.

So ist es nun mal,
das Herz und die Leber
und jeder Finger
sind gepachtet.

Zu spät, die Vertragsbedingung zu lösen,
die Schulden werden mir abgezogen
samt meiner Haut.

Ich geh durch die Welt
inmitten der Schuldner.
Auf dem einen lastet
der Preis für die Flügel.
Die anderen, ob sie es wollen oder nicht,
müssen die Blätter bezahlen.

Jede Zelle in uns
ist verbucht unter Soll.
Kein Wimperchen, Stielchen
bleibt uns für immer.

Das Verzeichnis ist genau,
und es sieht so aus,
als behielten wir nichts.

Ich weiß nicht mehr,
wo, wann und warum
ich diese Verbindlichkeit
eingegangen.

Den Protest dagegen
nennen wir Seele.
Das einzige, was
im Verzeichnis fehlt.

Eine Version der Vorkommnisse

Da man uns zu wählen erlaubt hat,
haben wir wohl zu lange überlegt.

Die angebotenen Körper waren unbequem
und verdarben häßlich.

Die Art und Weise, den Hunger zu stillen,
widerte uns an,
die ungewollte Erbschaft der Eigenschaften
und die Tyrannei der Drüsen
stießen uns ab.

Die Welt, die uns umgeben sollte,
zerfiel beständig.
Folgen der Ursachen tobten sich auf ihr
aus.

Die uns zur Kenntnis vorgelegten
Einzelschicksale
verwarfen wir meist
mit Trauer und Grauen.

Es kamen zum Beispiel Fragen auf
ob es lohne, unter Schmerzen
ein totes Kind zu gebären,
und wozu ein Seemann sein,
der das Ufer nicht erreicht.

Wir billigten den Tod,
doch nicht in jeder Gestalt.

Liebe zog uns an,
gut, aber eine,
die ihr Versprechen hält.

Vom Dienst für die Kunst
schreckten uns ab
der Wankelmut der Urteile
und die Nichthaltbarkeit der Werke.

Jeder hätte gern ein Vaterland ohne Nachbarn
und ein Leben in der Pause
zwischen zwei Kriegen.

Niemand von uns wollte an die Macht,
auch nicht ihr gehorchen,
niemand wollte Opfer sein
der eigenen und der fremden Illusionen,
es gab keine Freiwilligen
für Aufmärsche, Menschenmassen,
noch weniger für die aussterbenden Stämme
– ohne die die Geschichte
auf keinen Fall wie vorgesehen
hätte stattfinden können.

Inzwischen erlosch und erkaltete
eine beträchtliche Anzahl
der gezündeten Sterne.
Es war höchste Zeit für den Entschluß.

Unter zahlreichen Vorbehalten
meldeten sich schließlich Kandidaten
für manche Entdecker und Gesundbeter,
einige Philosophen ohne Ruhm,
ein paar namenlose Gärtner,

Zauberkünstler und Musikanten,
obwohl aus Mangel an anderen Bewerbern
nicht einmal diese Lebensläufe
sich erfüllen konnten.

Man mußte noch einmal
die ganze Sache überdenken.

Man bot uns
eine Reise an,
von der wir bestimmt und bald
zurückkehren würden.

Der Aufenthalt jenseits der Ewigkeit,
die eintönig genug ist
und ohne Verlauf,
könnte sich nie wiederholen.

Uns kamen Zweifel,
ob wir, alles im voraus wissend,
tatsächlich alles wissen.

Ob die derart verfrühte Wahl
überhaupt eine Wahl sei
und ob es nicht besser wäre,
sie zu vergessen,
und wenn schon wählen
– dann dort.

Wir sahen auf die Erde.
Waghälse bewohnten sie schon.
Eine schwächliche Pflanze
klammerte sich an den Fels

in leichtsinnigem Vertrauen,
der Wind werde sie nicht entwurzeln.

Ein kleines Tier
wühlte sich aus dem Bau
mit einer für uns seltsamen Mühe und Hoffnung.

Wir kamen uns zu ängstlich vor,
lächerlich, kleinlich.

Bald wurden wir übrigens weniger.
Die Ungeduldigsten kamen uns abhanden.
Sie nahmen die Feuertaufe
– ja, das war klar.
Sie entfachten das Feuer soeben
am Steilufer des wirklichen Flusses.

Einige
traten gar den Rückweg an.
Doch nicht in unsere Richtung.
Und so, als trügen sie? Etwas Gewonnenes?

Ein großes Glück

Ein großes Glück,
nicht genau zu wissen,
in welcher Welt man lebt.

Man müßte
sehr lange leben,
entschieden länger,
als diese Welt besteht.

Um andere Welten
vergleichsweise kennenzulernen.

Sich über den Körper erheben,
der nichts so gut kann
wie begrenzen
und Umstände schaffen.

Der Forschung,
der Klarheit des Bildes
und den letzten Folgerungen zuliebe
sich über die Zeit erheben,
in der das alles rast und rotiert.

Aus dieser Perspektive
lebt wohl!
ihr Einzelheiten und Episoden.

Das Zählen der Wochentage
müßte sinnlos
erscheinen,

das Einwerfen der Briefe in den Kasten
ein Unfug der Jugend,

das Schild »Rasen betreten verboten«
ein Wahnsinnsverbot.

Menschen auf der Brücke

Archäologie

Je nun, armer Mensch,
auf meinem Gebiet gab's Fortschritt.
Jahrtausende sind vergangen,
seitdem du mich Archäologie nennst.

Ich brauche keine Götter mehr
aus Stein
und Ruinen mit deutlicher Inschrift.

Zeig mir dein was es auch sei,
und ich sage dir, wer du warst.
Ein Boden von etwas,
ein Deckel für etwas.
Ein Splitter vom Triebwerk. Ein Bildröhrenhals.
Ein Stückchen Kabel. Verstreute Fingerknochen.
Es kann auch weniger, noch viel weniger sein.

Nach einer Methode,
die du damals noch nicht kennen konntest,
vermag ich das Gedächtnis zu wecken
in zahllosen Elementen.
Blutspuren dauern.
Lügen leuchten.
Chiffren der Dokumente breiten sich aus.
Absicht und Zweifel kommen zum Vorschein.

Wenn ich will
(ob ich will,
dessen solltest du bis zuletzt nicht allzu sicher sein),
blicke ich in den Schlund deines Schweigens,

welche Aussichten du hattest,
lese ich in den Höhlen deiner Augen,
ich erinnere dich mit allen Einzelheiten daran,
auf was du im Leben, außer auf den Tod, gewartet hast.

Zeig mir dein Nichts,
das von dir blieb,
ich füge daraus den Wald und die Autobahn zusammen,

den Flughafen, die Gemeinheit, den Zartsinn
und das verschollene Haus.

Zeig mir dein Gedichtchen,
und ich sage dir, warum es
weder früher noch später entstanden ist.

Nicht doch, du mißverstehst mich.
Behalte dieses lächerliche Papier
mit den Buchstaben darauf.
Mir genügt
deine Handvoll Erde
und der abgestandene Brandgeruch
seit Urzeiten.

Vom Tod ohne Übertreibung

Er kennt keinen Spaß,
keine Sterne, Brücken, Webereien,
weder Bergwerk, Landwirtschaft
noch Schiffsbau oder Kuchenbäckerei.

Schmieden wir Pläne für morgen,
spricht er das letzte Wort
nicht zum Thema.

Er kann nicht einmal das,
was zu seinem Beruf gehört:
die Gruft ausheben,
den Sarg zimmern,
danach aufräumen.

Mit dem Töten beschäftigt,
tut er es linkisch,
ohne System und Übung.
Als müßte er's an jedem von uns noch erlernen.

Sieg hin, Sieg her,
doch wie viele Niederlagen,
Fehlschläge,
und immerzu neue Versuche!

Manchmal fehlt ihm die Kraft,
eine Fliege in der Luft zu fangen.
Gegen manche Raupe
verliert er den Wettlauf im Kriechen.

All diese Knollen, Hülsen,
Fühler, Flossen, Atemröhren,
Festgefieder und Winterfelle
zeugen von Rückständen
seiner Plackerei.

Böser Wille genügt nicht,
sogar unser Beistand bei Kriegen und Revolutionen
half bis jetzt wenig.

In Eiern pochen Herzen.
Säuglingsskelette wachsen.
Samenkörner treiben die ersten zwei Blätter,
oft wachsen sie zu hohen Bäumen am Horizont.

Wer behauptet, der Tod sei allmächtig,
ist lebendiger Gegenbeweis.

Es gibt kein Leben,
das nicht wenigstens für einen Augenblick
unsterblich wäre.

Der Tod
kommt immer um diesen einen Augenblick zu spät.

Umsonst rüttelt er am Griff
der unsichtbaren Tür.
Er kann, was jemand erreicht hat,
nicht rückgängig machen.

Das Haus des großen Mannes

Es steht mit goldenen Lettern in Marmor gemeißelt:
Hier wohnte, wirkte und starb der große Mann.
Die Fußwege streute er selbst mit Kies aus.
Die Bank hat er selbst – Nicht berühren! – in Stein gehauen.
Und nun betreten wir – Achtung, drei Stufen! – die Wohnung.

Es gelang ihm, zur rechten Zeit auf die Welt zu kommen.
Alles, was vergehen mußte, verging in diesem Haus.
Nicht in einem Häuserblock,
in möblierten und dennoch leeren Quadratmetern,
unter fremden Nachbarn,
etwa im fünfzehnten Stockwerk,
wo man eine Schulklasse schwerlich hinaufführen könnte.

In diesem Zimmer dachte er nach,
in diesem Alkoven schlief er,
und hier empfing er Gäste.
Bildnisse, Sessel, Schreibtisch, Pfeife, Globus, Flöte,
der abgetretene Teppich, die verglaste Veranda.
Von hier aus grüßte er den Schneider, den Schuster;
sie kleideten ihn nach Maß.

Das ist nicht das gleiche wie Fotos in Schachteln,
eingetrocknete Füllfederhalter in einem Plastikbehältnis,
Kaufhauskonfektion in einem Kaufhausschrank,
ein Fenster, aus dem man die Wolken besser sieht als
                                        die Menschen.

Glücklich? Unglücklich?
Nicht darum geht's.

Noch vertraute er sich in Briefen an,
ohne zu bedenken, sie könnten unterwegs geöffnet werden.

Noch führte er Tagebuch, genau und offen,
ohne zu befürchten, es bei der Durchsuchung einzubüßen.
Am meisten beunruhigte ihn der Vorbeiflug eines Kometen.
Der Weltuntergang lag allein in Gottes Hand.

Es war ihm eben noch gelungen, nicht im Spital zu sterben,
hinter der weißen wer weiß wievielten Trennwand.
Noch war jemand bei ihm, der die gemurmelten Worte
im Gedächtnis behielt.

Als wäre ihm das Leben zu mehrfachem Gebrauch
zugeteilt:
Namen der Verstorbenen strich er im Notizbuch nicht durch.
Und die Bäume, die er im Garten hinter dem Haus
                                    gepflanzt hatte,
wuchsen ihm weiter als Juglans regia
und Quercus rubra und Ulmus und Larix
und Fraxinus excelsior.

Ein Wort zur Pornographie

Es gibt keine schlimmere Ausschweifung als das Denken.
Dieser Übermut wuchert wie windbestäubtes Unkraut
auf einem Beet, das für Gänseblümchen bestimmt war.

Für die, die denken, ist überhaupt nichts heilig.
Die Dinge dreist beim Namen zu nennen,
wüstes Analysieren, zuchtlose Synthesen,
hemmungslos wild nach Fakten zu jagen,
heikle Themen lüstern betasten,
Meinungen ablagern – das macht ihnen Spaß.

Am hellen Tag oder im Schutze der Nacht
verbinden sich Paare, Dreiecke und Kreise.
Beliebig ist das Geschlecht und das Alter der Paare.
Ihre Augen glänzen, ihre Wangen glühen.
Der Freund wirft den Freund aus der Bahn.
Entartete Töchter verderben den Vater.
Der Bruder verkuppelt die jüngere Schwester.

Denen munden andere Früchte
vom verbotenen Baum der Erkenntnis
als die rosigen Hinterteile aus den Illustrierten,
diese ganze im Grunde treuherzige Pornographie.
Die Bücher, die ihre Lust erregen, sind nicht bebildert.
Einzige Abwechslung bieten die extravaganten Sätze,
die man mit dem Fingernagel oder dem Buntstift anstreicht.

Schrecklich, in welchen Stellungen,
wie zügellos simpel
ein Geist den andren zu befruchten vermag!
Selbst Kamasutra sind solche Stellungen fremd.

Während dieses Beisammenseins kocht höchstens der Tee.
Die Menschen sitzen auf Stühlen, bewegen die Lippen.
Jeder schlägt sich selbst ein Bein übers andre.
Auf diese Weise berührt nur ein Fuß den Boden,
der zweite baumelt frei.
Nur manchmal steht jemand auf,
geht ans Fenster
und beobachtet heimlich durch den Gardinenschlitz
die Straße.

In die Arche

Dauerregen setzt ein.
In die Arche, wohin denn sonst, ihr
Gedichte für eine Stimme,
private Freudentaumel,
nicht unbedingt Talente,
unnütze Wißbegierden,
Trauer und Ängste von kleinerer Reichweite,
Gelüste, eine Sache von sechs Seiten zu betrachten.

Flüsse schwellen an und überschwemmen die Ufer.
In die Arche: Lichtschatten und Halbtöne,
Launen, Ornamente und Einzelheiten,
dumme Ausnahmen,
vergessene Zeichen,
ungezählte Varianten der Farbe Grau,
Spiel um des Spiels willen
und Träne des Lächelns.

Soweit der Blick reicht, Wasser und Horizont im Nebel.
In die Arche: ihr Zukunftspläne,
du Freude an Unterschieden,
Bewunderung für die Besseren,
Wahl, nicht beschränkt auf eines von beidem,
veraltete Skrupel,
Zeit zur Besinnung
und Glaube, daß das alles
irgendwann noch gebraucht wird.

Den Kindern zuliebe,
die wir immer noch sind,
enden die Märchen gut.

Hier paßt auch kein andres Finale.
Der Regen hört auf,
die Wellen verebben,
am aufklarenden Himmel
gehn die Wolken auseinander
und werden wieder,
wie es den Wolken über den Menschen geziemt:
erhaben und unernst
in ihrer Ähnlichkeit
mit den in der Sonne trocknenden
glücklichen Inseln,
Schäfchen,
Blumenkohlköpfen
und Windeln.

Möglichkeiten

Mir ist das Kino lieber.
Mir sind die Katzen lieber.
Mir sind die Eichen an der Warthe lieber.
Mir ist Dickens lieber als Dostojewskij.
Ich bin mir lieber als Menschenfreund
denn als Freund der Menschheit.
Nadel und Zwirn zur Hand sind mir lieber.
Die grüne Farbe ist mir lieber.
Lieber behaupte ich nicht,
der Verstand sei an allem schuld.
Mir sind die Ausnahmen lieber.
Mir ist es lieber, beizeiten zu gehn.
Mit Ärzten rede ich lieber über was andres.
Mir sind die alten gestrichelten Illustrationen lieber.
Mir ist die Lächerlichkeit, Gedichte zu schreiben, lieber
als die Lächerlichkeit, keine zu schreiben.
Mir ist es lieber, in der Liebe die geraden Jahrestage
täglich zu feiern.
Ich mag lieber die Moralisten,
die mir nichts versprechen.
Mir ist die schlaue Güte lieber als die allzu leichtgläubige.
Ich mag die Erde lieber in Zivil.
Die eroberten Länder sind mir lieber als die erobernden.
Vorbehalte sind mir lieber.
Die Hölle des Chaos ist mir lieber als die Hölle der Ordnung.
Die Märchen der Brüder Grimm sind mir lieber als
                                        Leitartikel.

Mir sind Blätter ohne Blüten lieber als Blüten

ohne Blätter.
Hunde mit nicht gestutzten Schwänzen sind mir lieber.
Ich mag helle Augen lieber, weil meine dunkel sind.
Schubfächer sind mir lieber.
Die vielen Dinge, die ich hier nicht aufgezählt habe,

sind mir lieber
als die vielen hier ebenfalls nicht aufgezählten.
Ich mag die Nullen lieber lose
als zur Zahl formiert.
Die Zeit der Insekten ist mir lieber als die der Sterne.
Lieber klopf ich auf Holz.
Lieber frage ich nicht, wie lang noch und wann.
Lieber ziehe ich selbst diese Möglichkeit in Betracht,
daß das Sein einen Sinn hat.

Menschen auf der Brücke

Seltsamer Planet und seltsam diese Menschen darauf.
Sie folgen der Zeit, ohne sie anzuerkennen.
Haben Methoden, ihren Widerspruch auszudrücken.
Machen, zum Beispiel, Bildchen wie dieses:

Nichts Besonderes auf den ersten Blick.
Man sieht Wasser.
Man sieht eines seiner Ufer.
Man sieht einen Nachen mühsam gegen den Strom schaukeln.
Man sieht eine Brücke über dem Wasser und auf der Brücke
                                                    Menschen.
Die Menschen beschleunigen deutlich ihren Schritt,
denn aus der dunklen Wolke beginnt soeben
der Regen zu prasseln.

Die Hauptsache ist, daß nichts weiter geschieht.
Die Wolke verändert weder Form noch Farbe.
Der Regen wird weder stärker, noch hört er auf.
Der Nachen fährt ohne Bewegung.
Die Menschen auf der Brücke laufen
genau dort, wie vor einer Weile.

Es fällt hier schwer, sich eines Kommentars zu enthalten:
Unschuldig ist das Bildchen keinesfalls.
Hier ist die Zeit angehalten worden.
Man hörte auf, ihre Gesetze zu respektieren.
Man raubte ihr den Einfluß auf den Lauf der Dinge.
Man mißachtete und man entwürdigte sie.

Im Interesse eines Rebellen,
irgendeines Hiroshige Utagawa,
(eines Subjekts übrigens,
das längst und wie sich das gehört verflossen ist),
stolperte die Zeit und stürzte.

Vielleicht ist das nur ein Bubenstreich ohne Bedeutung,
ein Unfug im Ausmaß von kaum einer Handvoll Galaxien,
auf alle Fälle
merken wir an, was folgt:

Hier gehört es zum guten Ton,
dieses Bildchen hochzuschätzen,
sich von ihm begeistern zu lassen und ergriffen zu sein
                                    seit Generationen.

Es gibt welche, denen auch das nicht genügt.
Sie hören sogar den Regen rauschen,
sie spüren die Kühle der Tropfen auf Nacken und Schultern,
sie schauen zur Brücke und auf die Menschen,
als sähen sie dort sich selbst,
in demselben Lauf, der niemals ein Ziel erreicht
auf dem endlosen Weg, ewig zurückzulegen,
und sie glauben in ihrer Dreistigkeit,
daß es tatsächlich so ist.

Die große Zahl

Lächeln

Die Welt schaut hoffnungsvoller als sie hört.
Staatsmänner lächeln rigoros.
Das Lächeln bedeutet, ihr Mut sei noch nicht zerstört.
Das Spiel ist vertrackt, der Erfolg nicht gewiß,
die Interessen gegensätzlich – doch das blanke Gebiß
ist immer ein Trost.

Sie müssen liebenswert sein
am Flughafen und im Rampenlicht.
Ihre Stirn strahlt eitel Sonnenschein.
Dieser grüßt den, der nimmt Abschied von jenen.
Die Kameras und die Schaulustszenen
brauchen das lächelnde Gesicht.

Stomatologie im Dienste der Diplomatie
garantiert den Erfolg heutzutage.
Die Hauer des guten Willens, den Eckzahn der Artigkeiten –
in bedrohlichen Situationen nutze man sie.
Noch ist die Zeit nicht so heiter,
im Gesicht gewöhnliche Trauer zu tragen.

Die brüderliche Menschheit, wie die Träumer versprechen,
werde die Welt in ein Land des Lächelns verwandeln.
Ich zweifle. Dann dürften die Staatsmänner,
sozusagen, nicht so viel lächeln.
Nur ab und zu; weil's warm ist, oder weil's dämmert,
ohne Krampf und gelassen im Handeln.
Des Menschen Wesen ist von Natur der Trauer ausgesetzt.
Auf diese warte ich und freu mich drauf schon jetzt.

Warnung

Nehmt keine Spötter mit in den Kosmos,
das rat ich euch.

Vierzehn tote Planeten, einige Kometen, zwei Sterne,
und schon unterwegs zum dritten
verlieren die Spötter den Humor.

Der Kosmos ist, wie er ist,
das heißt vollkommen.
Die Spötter verzeihen ihm das nie.

Nichts wird sie freuen:
die Zeit – weil zu ewig,
die Schönheit – weil ohne Makel,
der Ernst – weil ohne Witz.
Alle werden staunen,
nur sie werden gähnen.

Unterwegs zum vierten Stern
wird es noch schlimmer.
Saures Lächeln,
Schlaf- und Gleichgewichtsstörung,
dumme Gespräche:
daß der Rabe mit dem Käse im Schnabel,
daß die Fliegen auf dem Bildnis des Durchlauchtigsten
                                                    Herrn
oder der Affe im Bade
– na ja, das war ein Leben.

Spötter sind beschränkt.
Ziehn den Donnerstag der Ewigkeit vor.
Primitiv.
Mögen die falsche Note mehr als die Sphärenmusik.
Am wohlsten fühlen sie sich in der Ritze zwischen
Theorie und Praxis,
Ursache und Wirkung,
das aber ist keine Erde und hier stimmt alles.

Auf dem dreißigsten Planeten
(in puncto Wüstenhaftigkeit tadellos)
weigern sie sich sogar, die Kabinen zu verlassen,
weil der Kopf, weil ein Finger sie schmerzt.

Nichts als Schererei und Schande.
So viel Geld hinaus geworfen in den Kosmos.

Zwiebel

Die Zwiebel ist etwas anderes.
Ohne Innereien.
Durch und durch Zwiebel,
bis zum Grad der Zwiebelhaftigkeit.
Äußerlich zwiebelhaft,
zwiebelig bis ganz innen,
könnte die Zwiebel ihr Inneres
ohne Entsetzen betrachten.

In uns steckt die kaum mit Haut bedeckte
Fremdheit und Wildheit,
das Inferno, die gewalttätige Anatomie
des Internen,
in der Zwiebel dagegen die Zwiebel,
kein Geschlinge von Därmen.
Sie ist mehrfach nackt,
zutiefst undsoweiter.

Widerspruchsloses Sein, Zwiebel,
gelungene Schöpfung.
In der einen steckt einfach die andere,
in der größeren die kleinere
und in der nächsten die folgende,
das heißt die dritte und vierte.
Zentripetale Fuge.
Echo zum Chor gefügt.

Zwiebel, das leuchtet mir ein:
der alleranmutigste Bauch der Welt.
Er umflicht sich selbst zu seinem Ruhm
mit Aureolen.

In uns – Fett, Nerven, Adern,
Schleim und Sekrete.
Die Idiotie der Vollkommenheit aber
ist uns versagt.

Lob der schlechten Selbsteinschätzung

Der Mäusefalke findet sich wohlgeraten.
Den schwarzen Panther lassen Skrupel kalt.
Piranhas zweifeln nicht am Sinn ihrer Taten.
Die Klapperschlange akzeptiert sich ohne Vorbehalt.

Einen selbstkritischen Schakal gibt es nicht.
Heuschrecke, Alligator, Trichine, alles, was fleucht und
schleicht,
lebt wie es lebt, und ist's zufrieden.

Hundert Kilo wiegt das Herz des Wals,
in anderer Hinsicht aber ist es leicht.

Es gibt hienieden
auf dem dritten Sonnenplaneten
nichts was tierischer wäre als das reine Gewissen.

Anhang

Hinweise

Die vorliegenden Gedichte sind den letzten drei Lyrikbän-
den der Autorin entnommen: *Koniec i początek* (Ende und
Anfang), Poznań 1993; *Ludzie na moście* (Menschen auf
der Brücke), Warszawa 1986; *Wielka liczba* (Die große
Zahl), Warszawa 1976.

Folgende im Suhrkamp Verlag erschienenen Bücher ent-
halten weitere Gedichte, Nachworte und Kommentare von
und zu Wisława Szymborska:

Wisława Szymborska, *Hundert Freuden*. Gedichte. Her-
ausgegeben und übertragen von Karl Dedecius, mit einem
Vorwort von Elisabeth Borchers und einem Nachwort von
Jerzy Kwiatkowski. *Polnische Bibliothek*, Frankfurt am
Main 1986.

Wisława Szymborska, *Deshalb leben wir*. Gedichte. Über-
tragen und herausgegeben von Karl Dedecius. (Mit einem
Vorwort von K. D.). *Bibliothek Suhrkamp*, Frankfurt am
Main 1980.

Wisława Szymborska, *Salz*. Gedichte. Übertragen und
herausgegeben von Karl Dedecius. (Mit einem Vorwort
von K. D.), *edition suhrkamp 600*, Frankfurt am Main
1973.

Originaltitel der Gedichte

KONIEC I POCZĄTEK (1993)

Niebo
Może być bez tytułu
Niektórzy lubią poezję
Koniec i początek
Nienawiść
Rzeczywistość wymaga
Jawa
Rachunek elegijny
Kot w pustym mieszkaniu
Pożegnanie widoku
Seans
Miłość od pierwszego wejrzenia
Dnia 16 maja 1973 roku
Może to wszystko
Komedyjki
Nic darowane
Wersja wydarzeń
Wielkie to szczęście

LUDZIE NA MOŚCIE (1986)

Archeologia
O śmierci bez przesady
Dom wielkiego człowieka
Głos w sprawie pornografii
Do arki
Możliwości
Ludzie na moście

Inhalt

WIELKA LICZBA (1976)

DIE GROSSE ZAHL

»Frauen dichten anders«
Lyrik von Frauen
im Suhrkamp und im Insel Verlag

Anna Achmatowa.
- Ich lebe aus dem Mond, du aus der Sonne. Hundert Gedichte über die Liebe. Herausgegeben von Olaf Irlenkäuser. Übersetzt von Alexander Nitzberg. Gebunden. 120 Seiten
- Liebesgedichte. Aus dem Russischen von Alexander Nitzberg. Ausgewählt von Olaf Irlenkäuser. it 2946. 113 Seiten

Ingeborg Bachmann. Letzte, unveröffentlichte Gedichte. Entwürfe und Fassungen. Edition und Kommentar von Hans Höller. Gebunden. 168 Seiten

Zsófia Balla. Schönes, trauriges Land. Gedichte. Übersetzt und ausgewählt von Hans-Henning Paetzke. es 2085. 112 Seiten

Lily Brett. Liebesgedichte. Ausgewählt, aus dem Amerikanischen übertragen und mit einem Nachwort von Jutta Kaußen. it 3366. 131 Seiten

Inger Christensen. Das Schmetterlingstal. Ein Requiem. Sommerfugledalen. et requiem. Dänisch und deutsch. Übersetzt von Hanns Grössel. Mit einem Nachwort von Thomas Sparr. BS 1295. 49 Seiten

Gedichte berühmter Frauen. Von Hildegard von Bingen bis Ingeborg Bachmann. Herausgegeben von Elisabeth Borchers. it 1790. 320 Seiten

Marie Luise Kaschnitz. Gedichte. Ausgewählt von Peter Huchel. BS 436. 160 Seiten

Gertrud Kolmar.
- Welten. Gedichte. Mit einem Nachwort von Gerlind Reinshagen. BS 1309. 65 Seiten
- Liebesgedichte. Ausgewählt von Thomas Sparr. it 3601. 107 Seiten

Else Lasker-Schüler.
- Gedichte 1902-1943. Herausgegeben von Friedhelm Kemp. st 2790. 448 Seiten.
- Liebesgedichte. Ausgewählt und mit einem Nachwort von Eva Demski. it 3083. 137 Seiten

Sylvia Plath. Liebesgedichte. Aus dem Englischen, ausgewählt und einem Nachwort von Jutta Kaußen. it 3430. 111 Seiten

Nelly Sachs. Gedichte. Herausgegeben und mit einem Nachwort versehen von Hilde Domin. BS 549. 138 Seiten

Wisława Szymborska
- Auf Wiedersehen. Bis morgen. Gedichte. Ausgewählt und übersetzt von Karl Dedecius. st 2858 und Leinen. 75 Seiten.
- Liebesgedichte. Aus dem Polnischen und ausgewählt von Karl Dedecius. it 3111. 138 Seiten

suhrkamp taschenbuch 2858

Die Gedichte von Wisława Szymborska zeugen von Augenblicken: der Erleuchtung, der Stärke. Die große polnische Lyrikerin (1923-2012) erhielt 1996 den Nobelpreis für Literatur »für eine Poesie, die mit ironischer Präzision den historischen und biologischen Zusammenhang in Fragmenten menschlicher Wirklichkeit hervortreten läßt«.

Ihre Poesie ist ihr Lebens-, Empfindungs- und Denkkommentar: Ob »Ende und Anfang«, ob »Abschied vom Augenblick« oder die Erkenntnis »Nichts ist geschenkt«, die Wirklichkeit ist für Wisława Szymborska immer etwas, worüber man sprechen muß.

»Genauigkeit der Beobachtung, Reichtum der Formen und Bilder, Motive, die ebenso überraschend wie unmittelbar einleuchtend sind, vor allem aber eine Ironie, die das Pathos der Form bricht und einen Gegenstand zur Klarheit bringt. Man liest, und plötzlich ist der Augenblick alles.«

Thomas Steinfeld, Frankfurter Allgemeine Zeitung